UNE CONFÉRENCE

DE

M. Marius TOPIN

A VALADY

H. B.

RODEZ

IMPR. H. DE BROCA, BOULEVARD SAINTE-CATHERINE, 1.

1882

UNE CONFÉRENCE

DE

M. Marius TOPIN

A VALADY

H. B.

RODEZ

IMPR. H. DE BROCA, BOULEVARD SAINTE-CATHERINE, 1.

1882

UNE CONFÉRENCE

de M. Marius TOPIN

A VALADY

———◦❖◦———

M. Marius Topin a eu des prédécesseurs en
Rouergue, et ce n'est pas seulement à dater
du 20 août 1882 que ce genre de missionnaires
a fait chez nous son apparition.

En voici la preuve : le 2 frimaire an II, il y a
de cela près de cent ans, un délégué de la Convention, du nom de Cléophas Périé, fut le pré-
curseur de Marius Topin ; son mandat n'était
pas seulement de chanter les vertus et les gloi-
res de la Révolution, mais aussi d'en faire sen-
tir les effets : en conséquence, ayant réuni les
administrateurs du département, il prit une
délibération par laquelle, considérant « que ce
» n'est pas l'or et l'argent qui se trouvent dans
» les églises et dont se servent les ministres
» du culte catholique dans les fonctions de leur
» ministère, qui rendent l'hommage des hom-
» mes agréable à la divinité, *arrête* : que tou-
» tes les matières d'or et d'argent existant dans
» les églises seront envoyées de suite à la
» Monnaie de Toulouse. »

Après avoir ainsi réservé les droits de la

divinité et de la religion, n'ayant plus affaire qu'aux cléricaux de l'époque, il fait décréter, dans la même délibération, que les bâtiments du couvent de l'Union, dans la rue Sainte-Catherine, seront affectés à la détention des prêtres les plus *coupables* et dans le cas d'être envoyés au tribunal criminel. Ce bâtiment n'était pas le seul qui fût alors plein de prêtres; car, si dans les deux premières journées de frimaire, il en entra quarante dans ce nouveau local, il y en avait déjà plus de trois cents entassés dans les autres bâtiments de détention de Rodez.

Un dernier article de la délibération portait que les sociétés populaires de chaque district seraient invitées à procéder à la nomination de citoyens connus, propres par leur aptitude à éclairer les citoyens sur leurs vrais intérêts, et à les préserver du fanatisme par des instructions républicaines.

Sur cette invocation adressée aux *sans-culottes* du district de Rodez, quelques apôtres, munis des instructions du concile pour combattre les *charlatans religieux*, les *imposteurs politiques* qui, seuls, avaient *jusqa'à ce jour, le privilège exclusif de se faire entendre*, prirent leur bâton de voyage et entrèrent en campagne. Le plus huppé d'entre eux fut le capucin Chabot, dont le cynisme fut poussé si loin que le vertueux Robespierre, qui l'avait surpris fabriquant de faux assignats, ne tarda pas beaucoup, après ses prédications, à l'envoyer à l'échafaud. Près de ce brillant météore se produisirent quelques autres prêtres déchus ou intrus qui, abusant de ce qui leur restait de leur ancien prestige, parvenaient, à l'aide des cloches, à réunir autour d'eux les assidus des sociétés populaires.

Leurs homélies seraient bien instructives ; mais elles peuvent être suppléées par tout ce qu'a dit M. Marius Topin ; à l'entendre, on pourrait croire qu'il les a copiées.

M. Topin a beaucoup parlé puisque sa séance a duré environ deux heures ; il est vrai que s'il faut en croire la rumeur publique, il a dû plusieurs fois soutenir la concurrence que lui opposaient les mécontents ; mais enfin il a beaucoup parlé ; toutefois, ce n'est que par supposition qu'il nous sera permis de procéder avec lui.

Ne voulant rien affirmer, nous demanderons à M. Topin s'il n'a pas commencé par remercier, dès l'ouverture de la séance, du bienveillant concours qu'on lui apportait, et a-t-il pris à la fin congé en remerciant encore, sans aucun ressentiment de ce qui s'était passé, et n'était-ce point dans la seule préoccupation du bon effet que produirait l'expression de sa gratitude dans son compte-rendu.

A-t-il dit ensuite qu'il ne parlerait pas politique, car il n'y avait aucun intérêt, mais qu'il parlerait en réformateur, en apôtre missionnaire chargé d'éclairer les intelligences et de défendre les intérêts de ses chers instituteurs, qui sont sans cesse à lutter contre les influences cléricales ; puis, après avoir dit qu'il ne parlerait pas politique, n'a-t-il pas fait l'éloge de la révolution, affirmé que c'est d'elle qu'est venu le progrès, la civilisation, le suffrage universel ; n'a-t-il pas dit que l'ancien régime était constitué de manière à ce que les 25 millions de citoyens Français ne comptaient que pour une voix ;

Que la liberté des personnes étaient livrée à l'arbitraire des lettres de cachet ; que les neuf

députés de l'Aveyron à la Convention décla-
rèrent tous, à l'unanimité, que Louis XVI était
coupable ; que si le peuple s'empara de la Bastille ce fut à bon droit ;

Que, dans certaines provinces, le peuple mourait de faim, à preuve une lettre du duc de Les-
diguières à Colbert, sous le règne de Louis XIV ;

A-t-il dit que lui, Marius Topin, vient rem-
plir sa mission pour éclairer le peuple et lui
démontrer que les prêtres se servent de la religion pour jouer un rôle politique ?

Voilà bien des questions, et ce n'est pas la
fin, mais bornons-les ici, pour le moment, en
déclarant à M. Marius Topin qu'elles seront
toutes reprises, et que si elles ne sont pas dé-
savouées, elles seront l'objet d'autant de dé-
mentis appuyés sur des preuves dont le public
sera juge.

* *

Pour établir une discussion sur un terrain
ferme, il est indispensable de couper toute re-
traite à des dénégations de fait. C'est pour cela
que nous devons articuler et préciser les points
sur lesquels nous proposons à M. Topin d'ouvrir
cette discussion ; lui demandant s'il reconnaît
avoir avancé dans sa conférence les proposi-
tions ou opinions que nous allons relever. Et
supposant que l'inventaire que nous en avons
commencé reste incontesté, nous allons le re-
prendre article par article.

Suivant le premier, la révolution française
a été la cause du progrès et de la civilisation
par l'établissement du suffrage universel !

Pour un *missionnaire* de la vérité, car c'est
le titre que se donne le conférencier, c'est mal

débuter : le suffrage universel qu'il donne pour la cause du progrès et de la civilisation a été établi non par la révolution, mais par Louis XVI, ainsi que cela résulte du *Bulletin des Lois*, portant à la date du 24 janvier 1789, tout le système électoral conçu en trente-cinq articles, par l'initiative de ce roi, qui appelait, pour la première fois depuis mille ans, toutes les communes de son royaume à voter dans leur chef-lieu, et ces communes, aujourd'hui réduites au nombre de 300 étaient à l'époque de Louis XVI de plus de 700.

Si M. Topin ignore cela, ce qui n'est guère probable, pour un lettré comme lui, il a eu raison de dire qu'il ne se pose pas en homme politique ; mais pourquoi après cette déclaration qui semble vouloir dire qu'il ne parlerait pas politique, fait-il absolument le contraire ? d'un bout de sa conférence à l'autre ?

Cette feinte serait peu loyale, surtout adressée qu'elle était à un auditoire d'honnêtes cultivateurs, peu versés dans l'histoire ; occupés qu'ils sont à employer plus utilement leur temps, à produire les fruits de la terre, à la sueur de leur front.

Que si ces faux enseignements sont à l'adresse des instituteurs, la prévarication devient plus grave encore, car elle tend à empoisonner le sources même de l'enseignement, en s'emparant par surprise de l'inexpérience des disciples pour les égarer.

Il est facile, par ce qui précède, de voir qu'il est bien plus aisé et surtout plus prompt, d'altérer la vérité que de la redresser ; quelques mots suffisent pour mentir à l'histoire, et il faut de longues lignes pour restaurer la vérité.

Ceci devra recevoir encore bien des démonstrations. Disons cependant que ce que Louis XVI avait fait, c'est la Révolution qui ne tarda pas à le défaire, pour tout le temps où elle régna en souveraine, car dès avoir mis à mort le roi réformateur, elle s'empressa de supprimer le résultat de la première élection qu'elle tenta, en annulant les suffrages de 54 départements et déportant à la Guyane les élus et les journalistes indépendants.

Voilà la vérité vraie.

S'il est exact que l'orateur de la conférence de Valady ait dit aux bons habitants de cette commune que, sur les neuf députés du département de l'Aveyron, l'*unanimité* jugea Louis XVI *coupable*, il a altéré la vérité, et bien mal choisi son endroit pour commettre ce méfait, car le nom même de Valady lui donne un démenti ?

Non, il n'est pas vrai que les neuf députés de l'Aveyron, à la Convention, aient voté la culpabilité du roi Louis XVI. C'est le contraire de cela qu'il faut dire, car Godefroy de Valady refusa de la voter, et, s'il porta, bientôt après, sa propre tête sur l'échafaud, à Périgueux, où il fut arrêté, on peut juger par là du degré de liberté dont jouissaient ceux qui avaient à se prononcer sur le sort de Louis XVI. C'était un terrible enjeu, comme on le voit, que d'y mettre la tête.

Godefroy de Valady fut moins à plaindre d'y avoir perdu la sienne, que d'autres d'avoir sauvé la leur en condamnant leur roi légitime, et trempant leur main dans le sang innocent, dans le sang de celui qui le premier avait appelé son peuple à la liberté.

Et cependant, cette affirmation mensongère, n'est pas la seule entorse donnée à l'histoire de

l'infâme assassinat plébiscitaire du roi Louis
XVI ; car sur les neuf députés, quatre émirent
un vote qui impliquait la *non culpabilité*, vote
qui fut déterminé par une de ces considéra-
tions opportunistes que la peur ou la faiblesse
humaine ne rendent que trop communes, pour
la perte de la vérité et des causes justes. Quatre, en effet, de nos neuf députés, votèrent pour
le bannissement ou la détention ; ce n'est donc
pas la mort qu'ils demandèrent.

Pourquoi se complaire, devant un auditoire
aveyronnais, à aggraver une si triste et si crimi-
nelle responsabilité, et pourquoi les mettre
toutes au rang de nos *ancêtres*, comme le fait
le conférencier, lorsque l'un d'eux, prêtre
apostat, était Picard d'origine. L'Aveyron avait
bien assez de sa propre honte, sans la grossir
de celle d'un étranger.

S'il est vrai que M. Topin ait affirmé que
la prise de la Bastille ait été un acte de *droit*
autant que de *force*, nous sommes autorisés
nous-même à lui demander comment il pourra
justifier qu'au nom du bon droit, une émeute
se rue sur une prison quelconque, établie depuis
des siècles pour des prisonniers, de quelque catégorie qu'ils soient, de massacrer ses gardiens,
de couper la tête de leur chef et de la promener
dans Paris, au bout d'une pique?

S'il peut entrer dans la tête d'un homme
non aveuglé par la passion la plus désordon-
née qu'un pareil acte soit un acte légal, ou une
revendication légitime, nous demanderons à
M. Topin de nous donner cette démonstration,
car, s'il en a effleuré quelque chose en parlant
des Lettres de cachet, il est loin d'avoir justi-
fié, par là, le droit qu'il attribue aux émeutiers
d'avoir justement massacré des invalides qui
formaient la garnison de la Bastille. Comment,

1*

en effet, serait-il légal de massacrer de vieux
soldats fidèles à leur poste, et comment serait-
ce un crime pour le roi, au nom duquel depuis
dix siècles on rendait la justice en France, de
l'avoir exercée directement sur quelques indivi-
dus, au lieu de la faire exercer par ses séné-
chaux ; la justice de nos juges d'instruction est-
elle plus sûre, plus exempte d'abus que celle
qui était exercée par le roi, en son conseil,
dans quelques cas particuliers. L'histoire a loué
saint Louis de ce qu'il rendait lui-même la
justice.

Il sied bien à quelqu'un qui fait découler
tous les droits, tous les progrès de la civilisation, d'une révolution qui a couvert la France
d'échafauds et fait couler plus de sang innocent,
dans l'espace de deux ans, qu'il n'en a coulé
depuis l'origine de l'histoire, de se montrer si
grand justicier à l'occasion des prisonniers de
la Bastille, qui étaient au nombre de sept lors
de la surprise qui livra cette forteresse à l'é-
meute. Et pour justifier cette insurrection
avait-on au moins le prétexte des mauvais
traitements imposés à ces détenus ? — M. Topin sait parfaitement, comme le savent tous
ceux qui ont quelque lecture, ou quelque tein-
ture de l'histoire, que les prisonniers de la
Bastille y étaient traités avec des ménage-
ments, des égards qu'on ne connut jamais
dans les autres prisons.

Encore une fois, il est bien difficile de croire
qu'un lettré tel que M. Marius Topin ignore
la vérité et les droits de la logique à ce point ;
mais que dire de lui si, ne les ignorant pas, il
parle comme il le fait ?

Nous lisons dans le journal le *Temps*, feuille peu suspecte de cléricalisme, que dans l'école *vraiment neutre*, l'instituteur, dans l'école et hors l'école, doit être avant tout l'homme de la conciliation !

Si nous sommes bien informés, M. Marius Topin a dit aussi, à Valady, que l'école devait être neutre, et il a dit aussi que sa mission était une mission de paix et de concorde ; il a fini en se plaignant d'avoir été mis en prévention, sans *charité*, avant d'avoir été entendu, dans sa conférence de paix et de conciliation ; ceux qui l'ont entendu constatent des agressions incessantes dont il a émaillé son homélie. C'est le loup se plaignant de l'agneau qui, buvant dans le courant vingt pas au-dessous de lui, trouble son eau !

Les congréganistes et les cléricaux sont des perturbateurs qu'il prend à parti et qu'il secoue rudement, en leur imputant une foule de griefs dont il fait une longue énumération, par pur amour de la vérité, car il est, a-t-il dit, sans intérêt dans la cause, et s'il aime les instituteurs laïques, ses chers enfants, il aime bien plus la justice ; et ce n'est pas chez lui affaire de concurrence, sachant bien sans doute, qu'en ce cas, on est tenu par les convenances de s'abstenir.

Voici donc un rapide abrégé des imputations dont il poursuit ceux qu'il attaque, malgré son naturel et ses déclarations pacifiques !

Ces congréganistes et cléricaux sont des rétrogrades qui arrêtent et interceptent le progrès des lumières, et l'ont retardé si particulièment dans l'Aveyron qu'ils en ont fait un pays teinté d'obscurantisme sur sa carte.

Ce sont des charlatans, ou tout au moins ils emploient des moyens charlatanesques : leurs moyens sont d'ailleurs misérables et dignes de pitié, ce sont de pitoyables représentations théâtrales, des étalages d'images sur leurs murailles, peu s'en faut que ce ne soient des amulettes de sauvages ; des prix en volumes puisés aux catalogues des sociétés de St-Vincent-de-Paul, ce qui est fort mal noté sur ses tablettes ; de plus, les Frères des écoles, ses concurrents, réservent leurs prix, si l'on vous en croit, pour les enfants des conseillers municipaux et dédaignent ceux de l'indigent. Puis ils mettent leurs élèves au régime des oies ; pas celles du Capitole, mais celles que l'on gave : non avec du millet, mais avec des mots, des mots, des mots.

Après ces préliminaires de paix, qui attestent si bien la mansuétude du loup, qu'il soit permis à l'agneau de faire entendre son bêlement plaintif.

Avant que fussiez né, Messire loup, les Frères du bienheureux La Salle avaient voué leur vie à l'enseignement des enfants du peuple, non à prix d'argent et pour se faire une vie douillette avec perspective d'avancement, de faveurs universitaires, voire même de mariage, mais par vocation religieuse, avec vie austère et sans autre perspective que celle que le cléricalisme, cette superstition hébêtée, leur promet. Pourquoi donc leur cherchez-vous des querelles d'Allemand ?

D'ailleurs, si leur méthode ne vous convient pas, ils ne l'imposent à personne, et si vous faites de l'art pour l'art, d'une manière platonique, rien ne vous empêche d'accomplir ce progrès !

Leur méthode que vous traitez si mal a cependant un grand succès dans l'opinion publique; leurs distributions de prix dans les villes du département ont la faveur du public au point de devenir le spectacle favori, le plus doux et le plus émouvant, qui attire les foules au point de rendre les plus vastes espaces étroits : ils y étalent des dessins, des tableaux, des ouvrages graphiques qui attirent tous les regards et appellent les plus hautes distinctions !

Est-ce là ce qui vous fait pitié ? On dépense pour vous, Messieurs les Laïcs, des centaines de millions qui grèvent nos rôles de contribution, et tout ce dont nous venons de parler se faisait sans qu'on eut grevé le budget de la moindre somme pour l'opérer ! — Avez-vous mieux fait qu'eux ?

Vous le dites, il est vrai, sans plus de modestie, et vous ajoutez que vous enseignez l'orthographe ?

Est-ce que par hasard les innombrables élèves qui sont sortis des écoles congréganistes et qui, depuis plus de trente ans, remplissent les bureaux de toutes les administrations et tous les cadres des sous-officiers n'ont pas su l'orthographe ?

Il est vrai que vous leur apprenez de plus ce que c'est qu'un maire ; un adjoint, un juge de paix, même sans doute un sous-préfet ! C'est, j'en conviens, donner de vastes horizons à l'imagination de la jeunesse, mais a-t-on remarqué que l'absence de cet enseignement eut jamais embarrassé beaucoup ceux qui en ont été privés ?

Ne valait-il pas autant qu'ils connussent ce petit livre que vous chassez de vos classes et que vous réprouvez souverainement, et dont un de nos éminents évêques, le cardinal Giraud, disait dans un mandement resté après lui : qu'il aurait jeté Platon, s'il l'eût connu, dans des méditations sans bornes.

Pourquoi cette exclusion, pourquoi cet ostracisme ? Vous êtes libéral — croyez-vous — vous dites même que vous êtes catholique, pourvu qu'on ne vous appelle pas clérical ; car à l'instant vous cessez d'être libéral, et vous proscrivez le catéchisme.

Ce n'est pas au maître d'école à enseigner le catéchisme, c'est au curé ; et là dessus vous faites la leçon au curé et d'importance ! En cela, sauf pour ce qui est de la leçon que votre pédagogie propose aux curés, vous avez raison ; c'est aux prêtres à enseigner les choses de la religion et non aux laïques ! — Non, comme vous semblez l'insinuer, que les prêtres n'aient pas le droit d'enseigner autre chose, et particulièrement les sciences exactes que vous paraissez leur interdire ; on compterait plus de prêtres qui les ont enseignées depuis l'expansion du christianisme que de laïques ; — mais en ce qui touche la religion, c'est eux seuls qui peuvent l'enseigner aux catholiques, par eux ou par leurs délégués autorisés, et ce que vous réclamez comme un droit pour vous de ne pas l'enseigner est un devoir.

.*.

C'est en réclamant pour lui tous les bénéfices de la *charité, de la fraternité, de la liberté et de l'égalité,* que M. Marius Topin s'est livré à des attaques sans trève ni merci contre chacun de ces articles de son programme, en insultant la vérité et la justice durant deux heures, en

présence des habitants de Valady, et des instituteurs de la contrée. Sa manière d'entendre l'*é-
galité*, par exemple, a grandement besoin d'ex-
plication ! — Pourrait-il nous dire comment il
l'accommode avec la supériorité qu'il attribue à
la *blouse* sur la *redingote ?*

Qu'il eût dit qu'il y a des hommes en blouse
qui valent mieux que certains autres en redingote, c'est si incontesté et si incontestable que
c'eût été de sa part une énonciation oiseuse, si
voisine de la niaiserie, que nous ne pouvons
l'admettre pour un lettré, qui se dit chargé
d'*éclairer nos intelligences*, et qui a, suivant
toute apparence, reçu cette mission, devenue
obligatoire pour lui, car si on en croit le bruit
public, elle est loin d'être gratuite, soit dit sans
préjudice de la sincérité de la déclaration de dé-
sintéressement inscrite en tête de sa conférence.

Cette interprétation étant écartée, que res-
tera-t-il de cet aphorisme ? quelle démonstration
pourra-t-il en donner ? a-t-il compté toutes les
blouses et toutes les redingotes, et établi sur ce
recensement une règle de proportion mathéma-
tique ? Poser la question est en montrer l'*inso-
lubilité*. Pour un savant, un lettré, un missionnaire chargé d'éclairer la civilisation, comme la
colonne lumineuse qui éclairait Israël dans le
désert, ce serait bien *piteux*, et cependant il ne
lui reste plus après cela qu'une alternative pire,
celle d'une plate *flagornerie*, dont un poëte a
dit : — « ...Et le courtisan populaire est le plus
servile de tous. »

Mais est-ce parce que nous sommes tous
frères et que la fraternité est un devoir civique,
que M. Topin, s'adressant à un auditoire aveyronnais, traite l'Aveyron avec un si superbe
dédain, qu'il le parque hors de la civilisation libérale et qu'il le prend en pitié, en lui montrant

les régions lumineuses de l'Est et du Nord ! — Un autre libéral avait dit avant lui : « *C'est du Nord maintenant que nous vient la lumière* ! » M. Topin serait-il de l'est ou du nord ? Sans chercher à éclaircir la question, nous pourrions croire qu'il est de la même école, car le disciple, à l'instar de son maître qui traitait les Français de Welches et de bêtes brutes à mettre au régime du foin, accuse fraternellement les instituteurs congréganistes ses concurrents de traiter leurs élèves à la façon des oies qu'on ingurgite, en les bourrant de mots ! — Est-ce que la méthode d'enseignement de M. Topin s'exerce autrement que par des mots phonétiques ? S'il en était ainsi, la révélation de son secret ne serait pas sans intérêt ! Ce qui est plus probable, c'est qu'il n'y a dans son cas que de ces *vaines* paroles, et de ces mots vides qu'il a voulu mettre au compte exclusif de ses rivaux.

Malheureusement pour les théories de M. Topin sur l'état inférieur des lumières dans notre région, un document officiel publié presque en même temps que les conférences de M. Topin, et pris au procès-verbal de la session actuelle du conseil général à Rodez, constate que notre département est un des mieux partagés quant au nombre des instituteurs laïques, et qu'il est placé au 5° rang en France pour les écoles de garçons et au 7° pour celui des filles. Et s'il voulait se livrer à la fantaisie d'imputer une plus grosse part d'insuffisance aux congréganistes qu'aux laïques, la statistique officielle viendrait encore lui donner un démenti.

*
* *

La cible sur laquelle s'exerce l'industrie de notre conférencier est à deux faces : sur l'une, c'est l'ancien régime, sur l'autre, c'est le cléricalisme moderne : sur l'ancien régime, il réédite tout ce qui a traîné dans les déclamations des clubs de la révolution ; imputations cent fois réfutées et toujours reproduites sans bonne foi presque toujours, dans les premiers temps, mais qu'il n'est plus possible de reproduire devant des auditoires lettrés sans y faire hausser les épaules, et dont un lettré comme M. Topin devrait rougir de se faire l'écho.

Ainsi, M. Marius Topin ne craint pas de dire qu'au règne de Louis XIV le peuple en France mourait de faim et vivait de racines et d'écorces d'arbres ou de déjections dégoûtantes ! — et à preuve il invoque des autorités fort respectables, Colbert et Fénélon ! — Que dirait M. Topin, si un clérical venait lui dire que, pendant la première république, qui a duré 9 ou 10 ans, le peuple français a été tenu au régime dont il parle en l'attribuant à l'ancien régime ! — Cependant nous pourrions, en reproduisant ici les procès-verbaux de cette république, lui donner beaucoup à penser, qu'on en juge : — Nous allons retrouver encore ici ce Cléophas Périer dont M. Topin ne saurait méconnaître l'autorité, car il s'est inspiré, dans sa mission moderne, de tout l'attirail traîné par son devancier dans son apostolat de 1793 ; ce prédicant, qui était en même temps proconsul, ou tétrarque pour le compte du représentant Taillefer dans l'Aveyron, y prenait, le 23 frimaire an II, un arrêté, par lequel il mettait à la disposition des municipalités, toutes les subsistances qui se trouvaient

2

dans les maisons des suspects, en ne leur en laissant que pour 15 jours.

Dès le 27 du même mois, c'est-à-dire trois jours après, nouvel arrêté étendant la mesure à tous citoyens, suspects ou non suspects. C'était tous les jours des attroupements de femmes et d'enfants aux mairies et stationnant devant leurs portes des journées entières pour obtenir leur pain quotidien ; mais la détresse allait chaque jour en croissant, la récolte avait été mauvaise, le blé devenait de plus en plus rare. L'administration du département, ne sachant plus où donner de la tête, députe un des siens, le citoyen Cambon, à Marseille, près des représentants Barras, Servière et Freron, envoyés dans cette ville pour pourvoir aux besoins de l'alimentation des populations. Le citoyen Cambon arrive près d'eux, n'en peut obtenir que d'être envoyé à Aix près de leur collègue Nioche, chargé de cette affaire. Cambon y court, mais Nioche venait de partir pour Beaucaire ; il le suit à Beaucaire, mais il venait de repartir pour Arles et presqu'aussitôt pour Lyon. En désespoir de cause, Cambon se rendit à Montpellier, près des représentants Boisset et Delbrel, qui le renvoyèrent au ministre de l'intérieur.

Au lieu de pain, le gouvernement envoya un nouveau corps de troupes de 600 hommes arrivant de Lodève pour se rendre à Millau. A cette nouvelle, la municipalité de Millau, qui ne pouvait suffire à nourrir les bouches qui assiégeaient chaque jour ses portes, demande qu'on détourne d'elle cet accroissement de fléau.

Il était tel, que Cléophas Périer lui-même écrivit de Séverac, le 14 brumaire, à son collègue La Gasquie : « J'ai reçu la lettre du district de » Millau, je ferai mon possible pour préserver » ce district de la famine qui le menace. »

De son côté, la municipalité de Rodez écrivait, le 16 brumaire an II, au commissaire La Gasquie: « Citoyen, un groupe de femmes est venu » à midi demander leur pain ; d'après les ren- » seignements que nous avons pris, elles sont » dépourvues de grain, de farine et de pain ; » c'est pour cela que nous envoyons dix com- » missaires pour demander l'approvisionnement » du marché, que les réquisitions forcées ont » réduit à un dénuement complet. »

De son côté, le district écrivait au commis- saire Couli : « Nous sommes tous les jours » harcelés par les sans-culottes des campagnes » pour nous demander du grain. Nous avons » distribué les cent setiers que vous nous aviez » accordés. »

En attendant, les populations affamées se jettaient sur les grains envoyés, les pillaient et les disputaient en armes aux gendarmes qui les escortaient.

Si les meneurs de la révolution en étaient réduits à de tels aveux sur la détresse du pays, on peut juger de toutes les souffrances qu'il dut supporter.

On vit des communes entières réduites à vivre de racines et épuiser tous les moyens que la faim et le besoin firent employer au siége de Paris, au deuxième avènement de la république.

Faudrait-il dire que la république a tenu la France au régime de l'alimentation des rats de Paris et des racines et écorces d'arbre? et ce qu'on n'oserait pas dire de la république, M. Marius Topin, un lettré, un homme qui a mission d'éclairer l'esprit public, le dit du règne de Louis XIV, du long et glorieux règne de quarante ans de ce grand roi qui éleva si haut la gloire de la France, qui agrandit nos frontières, nous donna l'Alsace, cette magnifique province, que la révolution nous a fait perdre.

Sans doute cette longue prospérité de plus de quarante ans eut quelques jours de revers, durant lesquels elle paya tribut aux vicissitudes de la fortune ; sans doute elle eut à subir les conséquences de quelques années stériles où la disette s'abattit sur elle; et c'est tout ce que Marius Topin trouve à dire dans un règne qui, durant près d'un demi siècle, a ébloui l'Europe entière de ses splendeurs !

Singulier professeur d'histoire que celui qui ne trouverait à redire à la postérité que les douleurs de la patrie et ne verrait dans ses annales que les détresses de la famine et de la faim cherchant à s'apaiser dans les égoûts !

*
* *

Comme professeur de morale civique et de patriotisme, M. Marius Topin paraît n'avoir rien trouvé de mieux à proposer à la jeunesse de son auditoire que le rôle des conventionnels régicides de l'Aveyron, disant à cette jeunesse que si ses sentiments ne sont plus à cette hauteur, c'est au cléricalisme que cela est dû : le reproche peut être accepté avec reconnaissance !

Si une telle pensée est bien la sienne, si ceux qui l'ont entendu l'ont exactement traduite, et malheureusement, le soin qu'il s'est donné, en altérant la vérité, d'attribuer ce crime odieux à tous les membres de la représentation aveyronnaise à la Convention le fait trop présumer, le souvenir qu'on gardera de cette horrible excitation partie de sa chaire sera un stigmate qu'il portera sur son front à tout jamais : ceci est le *régicide doctrinal*, le *régicide à froid*, sans prétexte pris des emportements de la lutte, et sans l'excuse de la peur qui, toute basse et abjecte qu'elle est, fut le refuge de la grande majorité des votants !

Après cela, ce professeur de morale est-il bien venu à faire un grief à l'enseignement congréganiste pour avoir confondu dans la même réprobation et comme des scélérats de même valeur, *Mirabeau, l'abbé Siéyès et Danton?* Cette confusion, si elle a existé dans les annales de la société de St-Vincent-de-Paul, ce qui restera fort incertain, tant que cela ne reposera que sur ses affirmations, sans indication de l'édition et de la page, ne serait jamais qu'un défaut de gradation dans l'appréciation du crime ; mais celui qui propose le régicide à l'émulation de sa génération, est-il un appréciateur bien judicieux de cet ordre de mérite, et pourquoi s'offenserait-ils pour le prêtre apostat Siéyès, qu'il ait été mis sur la même ligne que Danton? L'un et l'autre furent régicides au même titre, et puisque ce titre paraît assez beau au professeur de morale civique pour le proposer en exemple au patriotisme de la jeunesse, pourquoi s'offense-t-il d'un simple rapprochement de noms ; il juge donc que cette parité est une offense à la justice? — il se déjuge donc lui-même? Ainsi, il confesse de sa propre bouche qu'il est un fanfaron de perversité !

M. Marius Topin, qui propose aux populations qu'il endoctrine de s'identifier à l'œuvre des conventionnels régicides, trouverait de plus saines inspirations près de lui, s'il ne s'était pas chargé, moyennant finance, de l'odieuse besogne de réhabilitation des *conventionnels.*

Voici ce qu'il aurait pu apprendre de l'un des siens qui, non sans talents, a su les employer mieux que lui, quoiqu'appartenant aussi à l'opinion libérale. Mais chez M. Miguet, que M. Marius Topin connaît bien, la conscience conservait ses droits :

Or, voici ce qu'il a écrit et fait imprimer sur la mort de Louis XVI : « Vote à jamais déplo-
» rable ! qui frappa du même coup la vraie
» liberté avec le pouvoir monarchique ! Vote
» ingrat envers cette grande race des conqué-
» rants nationaux, de ceux qui furent les orga-
» nisateurs populaires de la France ! — qui,
» après lui avoir donné la législation civile la plus
» perfectionnée, lui reconnaissaient les droits po-
» litiques les plus étendus ! — Vote cruel et inha-
» bile qui, par le meurtre royal, devait conduire à
» tant d'autres meurtres, et livrer la révolution
» ensanglantée à l'anarchie et au despotisme ! »

Entre ces deux enseignements, quel est celui qui mérite le plus de confiance ? Est-ce celui de l'oncle ou celui du neveu ? Lequel des deux a *détruit la vérité ?* crime de *lèse-vérité* qui n'est pas le moins grand de tous, et dont M. Topin a eu l'audace d'accuser *les cléricaux* en propres termes, dans sa conférence de Valady. *C'est l'enseignement clérical* qui a détruit *la vérité,* a-t-il dit en ajoutant que c'est par des moyens charlatanesques !

Quel est le charlatan qui jamais en employa de pareils aux siens ! Entendez-le vous dire que c'est sans intérêt qu'il parle ainsi. C'est par pur amour platonique ; il fait de l'*art* pour l'*art,* en disant que si le département de l'Aveyron est si arriéré, la faute en est à l'enseignement congréganiste, comme aussi c'est sans doute par amour pour la liberté qu'il dit que le droit d'enseigner appartient aux laïques avec l'ensei-gnement obligatoire, et par amour pour la *vérité* qu'il l'appelle *gratuit,* tout en bénéficiant dans une grosse proportion de l'énorme accroissement des frais imposés aux contribuables pour l'enseignement que les Frères donnaient pour moins de moitié.

Ainsi, au nom de la Liberté, il confisque aux familles le droit des pères de famille qu'il attribue à l'Etat, dont il est l'agent au titre d'inspecteur général de l'Université, et c'est au nom de l'Égalité qu'il interdit l'enseignement aux prêtres et aux congrégations religieuses, qui lui ont probablement donné celui qu'il a reçu, et dont il fait un si étrange usage ; mais admirez son libéralisme, son impartialité, sa neutralité, il leur laisse le soin d'enseigner le catéchisme aux enfants, car il le dédaigne pour ses instituteurs comme peu digne de leur souci ; ce ne sont pas les volontés des familles qui le préoccupent, ce sont ses antipathies anti-cléricales. Il est d'ailleurs catholique ! ce n'est pas la religion qu'il proscrit ! il se contente de bannir de l'école le catéchisme et d'en interdire l'enseignement dans les classes ; — voyez quelle bonté ! quelle tolérance ! quelle neutralité !

*
* *

Loin d'épuiser une matière, il n'en faut prendre que la *fleur*, dit un maître de l'art ; mais lorsque tout est fleur, faut-il tout cueillir ? La besogne serait longue encore, mais en toute matière, il convient de rester dans la mesure d'une juste proportion à établir entre la réputation et l'autorité de la doctrine à réfuter, et, à défaut de doctrine, à la valeur des opinions émises.

En rapprochant aujourd'hui les quelques conférences de M. Topin entr'elles, il se confirme que son programme se résume en ceci : dénigrer l'enseignement congréganiste et glorifier la révolution.

Nous avons vu avec quel rare bonheur il avait fait choix du village de Valady pour y célébrer les héros du 21 janvier, pour lesquels il professe un culte qui rappelle celui des sauvages pour de monstrueuses divinités.

Ce n'est pas avec moins d'à-propos que, dans cette même commune, il a épuisé tous les sarcasmes de sa gibecière contre l'enseignement congréganiste. Disons d'abord quel était le terrain sur lequel il s'établissait pour évoluer :

La commune de Valady compte environ mille habitants, ce qui comporte environ deux cents familles. Or, sur ces deux cents familles, cent quatre-vingt-quinze viennent de se cotiser pour assurer à leurs enfants l'enseignement des Frères, et cette cotisation spontanée, qui avait pris naissance autour d'une table, entourée de la partie la plus agissante de la population, comprenant des propriétaires-cultivateurs, des chefs-ouvriers, des marchands et des personnes de toutes les professions, mais hors de toute influence cléricale, — influence qui n'intervint qu'à la suite, — avaient reçu, avant la fin de la séance, pour plus de dix mille francs de signatures ; et avant la fin du mois, l'empressement avait été tel, que le total dépassait vingt-sept mille francs. Ce qu'il importe surtout de remarquer, c'est que l'empressement et la largesse des souscriptions fut en raison inverse de l'aisance des souscripteurs, dont plusieurs cependant dépassèrent tout ce qu'on pouvait espérer ; mais tous, grands et petits, riches et pauvres, tinrent à honneur de prendre part à cette œuvre et pressèrent vivement ceux qu'ils avaient chargés de la mener à bonne fin, d'acheter le *terrain de cons-*

truction de la maison d'école, destinée aux Frè-
res par l'acte d'achat même ; les pressant aussi
pour la conclusion du marché, et pour mettre la
main à la truelle.

Leur vœu était rempli, en ce qui touchait à
l'emploi des lourds sacrifices qu'ils s'étaient imposés ; l'école était terminée dans les meilleures
conditions d'emplacement et de construction, et
c'est dans ces circonstances que M. Marius Topin, avec une délicatesse de tact et un flair tout
particulier de pédagogue, vient dire à cette population que les maîtres de son choix n'étaient
bons qu'à arrêter l'essor d'aigle qu'il venait
imprimer aux études de leurs enfants, et peu
s'en fallut qu'il n'ajoutât que ces congréganistes
étaient tout au plus bons à engraisser des oies,
qu'ils étaient sans orthographe, qu'ils étaient
des charlatans, et que si leurs enfants étaient si
arriérés, c'étaient à ces maîtres qu'ils le de-
vaient, etc., etc.

Que manque-t-il à cette rhétorique, pour
qu'on soit en droit de dire au rhéteur qu'il était
difficile de mettre *les pieds dans les plats* d'une
manière plus tudesque ; l'expression est peut-
être *risquée,* si on la met en présence de la robe
d'un inspecteur général de l'Université, mais
comme l'habit ne fait pas le moine, et que depuis
Pascal les moines eux-mêmes ne sont pas toujours des raisons, nous ne trouvons aucun dimi-
nutif à substituer à l'image employée ; mais nous
pouvons ajouter quelque chose encore qui pourra
servir de supplément à notre justification et ce
sera le bouquet !

M. Topin avait ainsi, comme on voit, bien
choisi *son public* pour lui faire affront, mais il
avait encore mieux choisi son local, s'il est possible ; car c'est sous le toit même où il prenait la

place des Frères, qu'il en inaugurait l'usage de cette façon ! Nulle pudeur n'a pu se faire jour sur son front, et il ne s'est étonné que du charivari que lui attirait l'inconvenance de son langage, sous le toit hospitalier qui lui prêtait son abri. Bien plus, il en est sorti la menace à la bouche, et comme un enfant mal élevé, qui ramasse des pierres et en fait provision dans sa poche, pour les jeter aux passants, il a menacé de ses vengeances le pasteur de la paroisse, dont il a accusé le langage, langage qu'il aurait été heureux pour lui d'imiter dans sa modération et dans sa convenance !

Et c'est après avoir violé de la sorte toutes les règles de l'éducation la plus primitive, après avoir éructé dans cette salle, s'ouvrant pour la première fois pour lui, les tristes diatribes proposées pour modèle d'enseignement à une douzaine de maîtres d'école laïques qu'il avait recrutés pour l'escorter, qu'il a lancé son..... *quos ego* olympien !

*
* *

Un dernier mot.

Nous avons quitté M. Marius Topin sur le chapitre de la *Civilité puérile et honnête* ; nous revenons à lui, sur une matière plus grave : il s'agit cette fois d'une doctrine qui semble être le centre de gravité de l'école à laquelle il appartient : nous voulons parler du principe de la *neutralité* dont cette école fait sa pierre angulaire en matière de religion. M. Marius Topin, plaidant pour la *neutralité*, déclare naturellement qu'il n'est pas hostile à la religion ; il dit même qu'il est catholique, il est sans doute baptisé. Mais s'il ne l'était pas il serait encore bien plus *neutre* et plus conséquent avec lui-même !

Neutre, il ne l'est pas, et l'on peut même dire, sans craindre la discussion sur ce point, que ni lui, ni son école ne peuvent point l'être. Être neutre en fait de religion est un non sens pour tous et un contre-sens pour lui en particulier qui se dit catholique ; car la parole du Maître a dit : *Qui n'est pas pour moi, est contre moi* ! Cette parole est pour tout catholique la *raison intégrale*, la *raison personnifiée* ; elle suffit pour clore tout débat entre catholiques.

La religion, dites-vous, est en dehors de la science et des lettres, et nous la tenons pour une étrangère que nous bannissons de notre enseignement ! Étrange science que celle qui aboutit à dire que les *effets* n'ont pas de *cause* !

Mais, ce bannissement, cet ostracisme, est-il un acte de neutralité ? Bannissez-vous l'idéal de vos autres études, ne le poursuivez-vous pas dans vos lettres, dans vos arts ? Qu'est-ce que cet idéal, si ce n'est le *divin*, l'*intangible*, mais non l'*inconnu* ni l'*indifférent* puisque vous le recherchez avec avidité ! Malgré vous, le divin vous déborde et vous comprenez ce que veut dire *le Grand Esprit* qui a dit de Dieu : *in quo vivimus, movemus et sumus.*

Que veut dire dans votre *langue universitaire* le mot *humanité*, dont vous faites et dont tous les enseignements font un cours de plusieurs années pour compléter l'éducation de la jeunesse ? N'est-ce pas l'initiation du jeune âge à l'étude et à la recherche du bon, du vrai, du juste, du beau ; recherche laborieuse, s'il en fut jamais, car elle explique le problème de la vie, personnifié dans l'antiquité égyptienne, sous la forme du Sphinx, et dans la Grèce, sous celle de Prométhée. Le *bon*, le *beau*, le *vrai*, le *juste*, tel est le but, l'unique but de la religion. *Une seule* entre toutes a le secret du Sphinx et de Prométhée, *toutes* ont pour but de le découvrir. Comment pouvez-vous rester *neutre* dans une question qui embrasse toutes les questions et qui seule les résout toutes ? Mais, en fait, restez-vous neutre ? Vous trébuchez à tous les pas sur ce terrain d'une *neutralité nominale*, continuellement démentie par vos actes, vous croyez pouvoir donner le change en substituant des noms nouveaux à ceux de religion ; est-ce sans rire que vous dites que c'est le cléricalisme que vous détestez, mais que vous êtes plein de respect pour la religion ; la religion est-elle une de ces choses vaines et vagues qui changent de forme comme les vapeurs de l'air ou comme les fantômes de l'imagination.

Le catholicisme, particulièrement, est-il si insaisissable dans ses dogmes et dans sa doctrine, qu'on puisse le confondre avec ce que vous appelez le *cléricalisme*, sorte de conception dont il vous a plu de faire une doublure du catholicisme, qui la désavoue et qui repousse vos transformations.

Est-ce la neutralité que vous pratiquez et que pratiquent les vôtres, quand ils bannissent jusqu'au nom de Dieu des écoles, lorsqu'ils les dépouillent de ses images, lorsqu'ils vont interdire dans leurs enceintes, les enseignements que d'*autres* pourraient y donner ?

Si vous étiez neutre, vous laisseriez le champ libre à ceux qui ne veulent pas que leurs enfants soient privés de l'enseignement religieux ; et toutes vos préoccupations, tous vos calculs et vos combinaisons tendent à parquer toute la jeunesse dans les triples mailles de la *laïcité, de la gratuité et de l'obligation*, pour l'y étouffer ; non-seulement vous n'êtes pas neutre, comme vous le dites, mais vous ne voulez pas l'être, tous vos actes ne le prouvent que trop. Votre neutralité, avec le monopole dont vous poursuivez le but, est une guerre hypocrite et déloyale, pleine de haine dissimulée et d'autant plus dangereuse qu'elle est toute d'embuscade. Vos légistes ont longuement et artificieusement ourdi une trame à mailles serrées, pour réunir dans une étroite captivité toute liberté d'enseignement, parce que cette liberté, même restreinte, avait suffi pour donner un essor dont vous n'avez pu voir les succès sans une basse jalousie. Vous avez comploté d'en faire le siége en règle et de vous embastionner si bien dans votre place que vous y seriez inexpugnable, et assurés d'un monopole inviolable, vous vous y êtes couverts de trois forts détachés s'appuyant l'un sur l'autre : l'un est la *gratuité*, qui est un mensonge à l'aide duquel vous faites payer votre enseignement deux fois au moins plus chèrement que ne coûte celui des congréganistes ; ce premier mensonge s'appuyant de l'*obligation* dont vous voulez faire une vérité assure l'efficacité du mensonge ; et la *laïcité*, qui exclut vos concurrents, complète le monopole, en créant une catégorie de citoyens mis en dehors du droit commun par suite du respect que vous professez pour l'*égalité devant la loi*.

C'est ainsi que se conduisit Julien l'apostat, succédant aux bêtes fauves du cirque ; mais n'oubliez pas que le Galiléen prévalut.

E. de BARRAU.

Rodez. — Imp. H. de Broca, boulevard Sainte-Catherine, 1.

www.ingramcontent.com/pod-product-compliance
Lightning Source LLC
Chambersburg PA
CBHW060808280326
41934CB00010B/2607